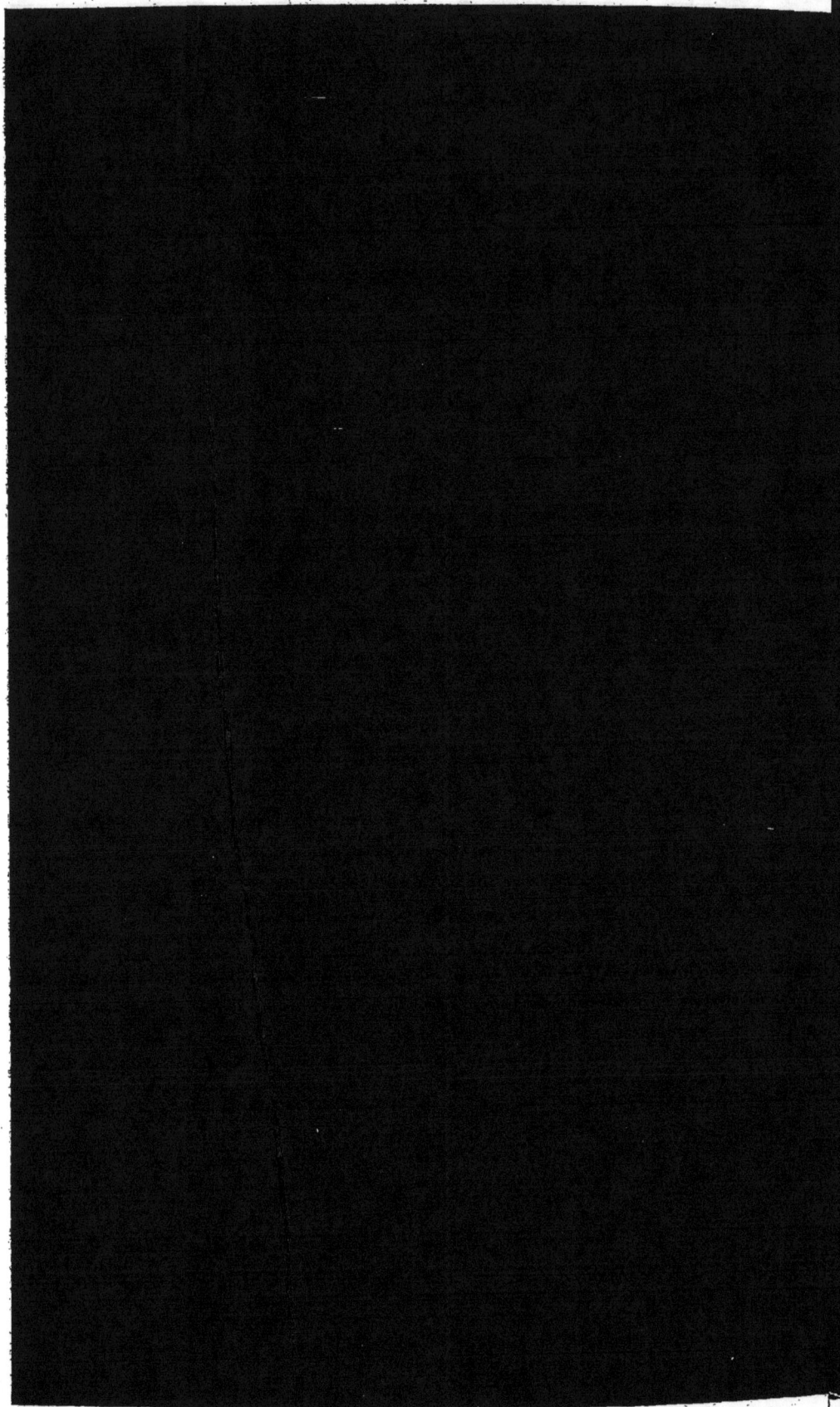

DE LA DOCTRINE

POLITIQUE,

QUI PEUT RÉUNIR LES PARTIS

EN FRANCE,

Par M. BENJAMIN DE CONSTANT.

A PARIS,

Chez DELAUNAY, libraire, galeries de bois, Palais-Royal.

DÉCEMBRE 1816.

DE LA DOCTRINE

POLITIQUE

QUI PEUT RÉUNIR LES PARTIS

EN FRANCE.

Un parti (je ne donne point ici à ce mot une acception défavorable, je m'en sers pour désigner une réunion d'hommes qui professent la même doctrine politique), un parti existe en France, qui s'annonce comme ayant adopté récemment des principes qu'il a long-temps repoussés : sa conversion à ces principes serait une chose importante et heureuse ; elle mettrait un terme aux maux intérieurs de notre patrie, et dès lors tous nos autres maux seraient plus faciles à guérir.

Mais ce parti inspire une grande défiance au reste de la nation, et cette défiance diminue ou détruit les avantages qui devraient être le résultat naturel de sa conversion, si elle est sincère, et si elle était reconnue pour telle.

Je ne trouve, pour ma part, aucune jouissance

F

à supposer que des hommes honorables, et inté-
ressés au salut de la France, ne soient pas de
bonne foi. Je suis d'avis, plus qu'un autre, qu'il ne
faut pas croire à l'éternité des préjugés; qu'il faut
pardonner aux prétentions, pour les rendre passa-
gères; qu'il faut laisser les menaces s'évaporer, et
ne pas enregistrer les engagemens de l'amour-
propre.

Je ne jugeais pas même ces hommes avec rigueur, lorsque je les regardais, dans leur puissance, comme les ennemis les plus acharnés des
idées que je chéris. Je me disais qu'ils étaient ef-
frayés par des souvenirs dont nous frémissons
nous-mêmes; qu'ils se croyaient, envers le Roi,
le devoir spécial de lui conserver ou de lui rendre,
fût-ce malgré lui, une autorité illimitée. Les
opinions ne sont jamais coupables. Personne ne
sait par quelle route elles ont pénétré dans les
esprits. Personne ne peut calculer l'effet des im-
pressions de l'enfance, des leçons reçues, des
doctrines écoutées avec respect, des traditions
paternelles gravées dans le cœur comme dans la
mémoire. Ces choses agissent indépendamment
du raisonnement, et modifient ensuite le raisonnement même. Elles déguisent l'intérêt personnel, à ses propres yeux; et tel contre-révolution-
naire, travaillant à reconquérir ses priviléges, sa
suprématie et ses richesses, a pu se croire, de

bonne foi, un héros de patriotisme et un citoyen désintéressé.

Il n'en est pas moins vrai que la défiance que ces hommes inspirent à plusieurs est naturelle. Avant même que la révolution eût dévié des voies de la morale et de la justice, ils s'étaient, pour la plupart, déclarés contre toute innovation. Ils n'ont, durant vingt-cinq ans, pas fait un mouvement, pas prononcé une parole, pas écrit une ligne, sans exprimer leur haine contre les principes qu'ils appelaient alors révolutionnaires, c'est-à-dire contre la division des pouvoirs, contre la participation du peuple à la puissance législative, contre l'abolition des priviléges et l'égalité des citoyens. Or, tous ces principes servent de base à notre gouvernement actuel.

Sous Bonaparte, ceux d'entre ces hommes qui s'étaient rapprochés de lui, ont applaudi à son pouvoir sans bornes. Ils recommandaient le despotisme comme la législation primitive. Ils proscrivaient la liberté religieuse, proposant aux princes d'imiter l'Être souverainement bon, qui, par-là même, était souverainement intolérant. Ils posaient en axiome, et ils l'ont répété sous Louis XVIII, que, lorsque le peuple désirait qu'une chose ne se fît pas, c'était précisément alors qu'il fallait la faire.

Quand les événemens de 1814 rendirent aux

Français la faculté d'exprimer leurs sentimens et leurs vœux sur les affaires publiques, ces hommes manifestèrent encore des opinions en opposition directe avec leurs nouvelles théories. Ils écrivirent des brochures contre la liberté de la presse, des articles de journaux pour que le droit d'exil fût accordé au gouvernement. Si, par hasard (ce qui serait un malheur et une faute, mais ce qui pourrait arriver, parce que nous sommes dans un temps de parti); si, dis-je, on croyait nécessaire de nous disputer quelqu'une des libertés qu'ils réclament, la collection de leurs ouvrages serait l'arsenal le plus complet de sophismes contre chacune de ces libertés.

Je ne parlerai pas de ce qu'ils ont fait en 1815. Je dirai seulement que leurs phrases sur la nécessité des coups d'état, sur l'urgence d'abréger ou de supprimer les formes, sur la justice et la convenance des arrestations sans terme, et des exils sans motifs légaux, retentissaient encore autour d'eux, quand ils ont commencé à prononcer les phrases contraires (*).

(*) J'avais réuni dans un autre ouvrage tous les faits relatifs à cette partie de l'histoire de notre révolution. Mais j'ai pensé qu'une récapitulation trop exacte serait déplacée, quand il était question de rapprocher les esprits. J'ai donc renoncé à publier cet ouvrage.

9

Je n'attache point une importance exagérée à
ces discours de tribune, destinés à produire un effet
momentané, et dont la violence s'accroît, contre
l'intention de l'orateur, par les applaudissemens qui
l'enivrent. Tel homme n'a paru implacable dans
une assemblée, que parce qu'il était entraîné par
ses paroles. Il n'était plus lui : rendu à lui-même,
il serait tout autre. D'ailleurs, les défaites sont de
bons instituteurs.

Je pense donc que l'expérience, la réflexion,
l'influence des idées du siècle, la connaissance plus
exacte de l'état et des dispositions de la France, ont
éclairé plusieurs de ces hommes. Ils ont senti que
nulle puissance humaine ne releverait ce qui était
détruit, n'anéantirait ce que deux générations ont
consacré, non-seulement par leurs vœux et par
leur adhésion, mais, ce qui est plus fort, par leurs
transactions et leurs habitudes ; et, convaincus enfin de la nécessité de céder aux temps, ils entrent
avec franchise dans la carrière constitutionnelle.

Malheureusement, ils ont eu jusqu'ici de fâ-
cheux interprètes. Éloquens plus qu'habiles, ces
interprètes, dans les manifestes qui suivent leurs
conversions, semblent ne proclamer des axiomes
que pour proscrire des hommes, et ne commen-
cer par des abstractions que pour finir par des ana-
thèmes. Cette méthode d'annoncer qu'on est re-
venu de ses erreurs a beaucoup d'inconvéniens,

Ceux qui l'emploient irritent la majorité qu'ils veulent persuader, et rendent suspecte la minorité qu'ils croient servir.

Si l'on veut conclure entre les partis un traité loyal et durable, que faut-il faire? Prouver que, le crime excepté, l'on ne repousse aucun auxiliaire, et qu'on voit dans la révolution autre chose qu'un long crime; ne pas flétrir toutes les époques de cette révolution par des dénominations odieuses; ne pas se montrer à la fois néophytes et persécuteurs; convaincre enfin la France qu'on veut la liberté pour toutes les classes.

Il ne faut pas établir, sur les intérêts qu'on nomme révolutionnaires, une doctrine propre à soulever tous les hommes qui ne veulent pas seulement conserver quelques propriétés, étaler quelques décorations, se pavaner de quelques titres, mais jouir de ces biens, comme ils en ont le droit, sans être entourés d'un éternel et injuste opprobre. Il ne faut pas déshonorer vingt-sept années de notre histoire, vingt-sept années durant lesquelles quelques misérables ont commis des crimes, mais durant lesquelles aussi, au milieu des troubles et des calamités qui bouleversaient toutes les existences, on a vu des hommes de tous les partis donner de sublimes exemples de courage, de désintéressement, de fidélité à leurs opinions, de dévouement à leurs amis, et de sacrifice à leur patrie. Il ne faut pas présenter la nation, à ses propres yeux, et ce qui, dans nos circonstances, est bien pis encore, aux yeux de l'Europe, comme une race servile et parjure, jouant tous les rôles, prêtant tous les sermens. Il ne faut pas, quinze mois après la dispersion de notre malheureuse armée, coupable un jour, admirable vingt ans, rappeler, en termes amers, le souvenir de ses fautes, et blâmer le gouvernement d'oublier ses torts (*).

Il ne faut pas prononcer une excommunication politique contre tous ceux qui ont servi ou Bonaparte ou la république, les déclarer ennemis nés de nos institutions actuelles, et trouvant dans ces institutions tout ce qui leur est antipathique, sans réfléchir que ces hommes sont la France entière; car, parmi eux, on doit compter et ceux qui ont combattu l'étranger, et ceux qui ont administré l'État dans des rangs différens, et ceux qui ont manifesté leur opinion en faveur des réformes, et ceux qui ont mérité l'estime de leurs concitoyens

---

(*) Il y a un écrivain surtout, qui devrait être indulgent pour les erreurs d'une armée; c'est celui qui a dit qu'il raisonnait mal quand il entend battre un tambour. Nos vieux guerriers, couverts de cicatrices, avaient entendu plus de tambours que lui, et ce n'étaient pas des tambours de luxe.

en faisant quelque bien, et ceux qui ont des droits à leur reconnaissance pour avoir empêché ou diminué le mal.

Il ne faut pas, pour remplir ce vide, car c'en est un que toute une nation retranchée d'un pays, s'adresser exclusivement à la noblesse, et lui prouver qu'elle pourrait s'emparer de la charte, en faire son monopole, et que la pairie et la représentation lui vaudraient bien les *garnisons* et les *antichambres*. Il ne faut pas croire qu'avec quelques restrictions insignifiantes, avec quelques phrases communes, en promettant qu'*un jour* les jalousies entre les ordres de l'État seront éteintes, et le noble et le bourgeois réunis, on engagera la nation à se résigner à la suprématie qu'on veut établir.

Je m'expliquerai plus loin sur la place que la noblesse peut occuper dans notre monarchie représentative; et l'on verra que je suis loin de vouloir aucune de ces défaveurs sociales, causes d'abord d'injustice, puis de résistance, et enfin de destruction. Quand l'autorité proscrivait les nobles, j'ai combattu ce coupable et dangereux système. Mais, je le demande, montrer à vingt-quatre millions d'hommes que quatre-vingt mille peuvent accaparer leurs institutions, pour s'indemniser de leur suprématie passé; est-ce un moyen de rendre cette minorité populaire? De tels

ouvrages ne devraient pas être intitulés *De la Monarchie selon la charte* ; ils devraient porter pour
titre : *De la Charte selon l'Aristocratie*, et ils
devraient être écrits, comme les Védes, en langue
sacrée, pour n'être lus que par la caste favorisée,
et rester ignorés par les profanes. Mais il est malheureusement des dispositions d'esprit, où, malgré de grandes et puissantes facultés, on ne voit
que soi, son salon, sa coterie : l'on oublie que la
nation existe. L'on croit que la grande question
est de savoir si l'on consentira à honorer la charte
en en profitant : on l'envisage comme une conquête à faire, quand elle est bien plutôt une égide
à conserver.

Enfin, lorsqu'on veut porter le calme dans l'âme
d'un peuple, il ne faut pas, en expliquant ce que
l'on ferait, si l'on était à la tête de l'État, se montrer régénérant l'opinion, par les commandans de
la gendarmerie, les chefs de la force armée, les
procureurs du roi et les présidens des cours prévô-
tales, et promettre d'agir sur la morale publique
et de créer des royalistes (*), avec des soldats, des
gendarmes, des procès criminels et des tribunaux

(*) Les évêques aussi, j'en conviens, se trouvent
sur la liste ; mais, en voyant d'ailleurs ceux qui la com-
posent, je présume que les évêques ne s'y trouvent que
pour exhorter les condamnés.

extraordinaires. Sans doute il faut créer des royalistes constitutionnels, mais par l'affection, par la confiance, par le sentiment du bien-être, par tous les liens de la reconnaissance et de la sécurité : et, sous ce rapport, l'ordonnance du 5 septembre a plus fait, en un jour, que les sept hommes qu'on demande, par département, ne feraient en dix années.

J'ai dit ce qu'il fallait éviter, quand on voulait calmer et réunir les partis. Je vais dire ce qu'il faut faire, quand on veut inspirer quelque confiance.

Il faut, lorsqu'on se déclare le protecteur de la liberté individuelle, réclamer quelquefois en faveur des opprimés d'un parti différent du sien. Il est difficile de croire que, durant la terrible année que nous avons franchie, ceux qu'on nomme à tort exclusivement les royalistes, aient seuls été victimes de dénonciations injustes ou de mesures vexatoires. Il faut admettre que les réclamations des suspects d'une autre classe peuvent aussi être fondées. Il faut les écouter, ne fût-ce que comme preuve d'impartialité, ou l'on court le risque de laisser la nation croire qu'on ne s'élève contre les arrestations illégales que lorsqu'elles frappent quelqu'un du parti.

Il faut, quand on accuse un ministre d'arbitraire, ne pas citer en preuve uniquement des mi-

ses en liberté (*), ne pas crier au scandale parce
que des citoyens sont rendus à leurs familles, ne
pas répéter ces déclamations usées contre les hom-

(*) Il est assez curieux que ce fait soit le seul qui résulte
de la dénonciation contenue dans la proposition faite à la
Chambre des Pairs, relativement aux dernières élections.
Je citerai les propres phrases de cette dénonciation, et
ce ne sera pas moi que le lecteur devra accuser si mes
citations sont monotones.

« Beaucoup de surveillances ont été levées. Page 7....
» Elles ont expiré tout juste le même jour et à la même
» heure. Page 8.... Des hommes sont devenus libres,
» tout simplement parce que le temps de leur déten-
» tion était fini. Page 8....

» On a rendu à la société des hommes en surveillance
» pour leur conduite politique. Page 9.... On a fait ces-
» ser les mesures de haute police pour le cas particulier
» des électeurs. Page 9.... La police a poussé la *libéralité*
» jusqu'à lever les surveillances des électeurs suspects
» au Roi et à la justice. Page 10.... Les jacobins sont sor-
» tis de leurs repaires. Page 21.... Ils se sont présentés
» aux élections. Page 21.... Dans le département du
» Gers, trois jacobins fameux ont été mis en liberté, et
» ont répandu leurs principes autour d'eux. Page 21....
» On a jeté dans la société des hommes capables de
» corrompre l'opinion. Pages 21, 11.... »

Mais une considération me frappe, qui a échappé sans
doute à l'auteur de la dénonciation. La loi sur les prévenus n'était nécessaire, n'était excusable que dans l'hy-
pothèse que les prévenus, qui ne pouvaient pas être ju-

mes dangereux qu'on ne doit pas jeter dans la
société, ne pas se plaindre de ce que des détenus
sont devenus libres, tout simplement parce

gés, pouvaient être dangereux. Dès qu'ils cessaient d'ê-
tre dangereux, cette loi ne devait plus les atteindre. Or,
malgré *la libéralité* des levées de surveillance, malgré
le scandale des mises en liberté, les élections ont été bon-
nes : l'auteur l'avoue. Les députés qu'on vient de choisir
sont des royalistes constitutionnels. La présence des *jacobins* n'a donc point influé sur l'élection de ces députés. Donc ils n'étaient pas dangereux, donc ils devaient
redevenir libres. Donc, s'ils avaient des droits politiques,
ils devaient exercer ces droits.

En général, sans examiner la conduite du ministère
durant les dernières élections, je pense qu'on peut affir-
mer que, dans plusieurs départemens surtout, elles ont
été beaucoup plus libres que celles de 1815. Il n'y a plus
eu dans le midi, sous un prétexte religieux, des vengean-
ces politiques. Les protestans ont pu concourir aux choix
des députés. Ce sont des différences qui n'ont pas suffisam-
ment frappé l'auteur de la proposition à la Chambre des
Pairs.

Quant aux destitutions dont on fait un crime au ministère actuel, ces mesures, en supposant tous les faits
exacts, me semblent une conséquence naturelle de notre
constitution. Je ne conçois pas que l'on imagine devoir
conserver des fonctions sous une administration qu'on
attaque. Je ne conçois pas que les membres de l'opposition veuillent réunir les profits de la faveur et les hon-
neurs de l'indépendance. Il faut choisir entre sa con-

que le temps de leur détention était fini. Quand on a d'enthousiasme accordé à mille autorités subalternes le droit d'arrêter les suspects, il faut

---

science, ou même son parti, et la bienveillance ministérielle.

Je ne me constitue, du reste, le défenseur d'aucun des ministères qui ont régi la France depuis la rentrée du Roi. Tous ces ministères ont commis des fautes; je pourrais dire que toutes ces fautes ont eu la même cause, l'influence d'un parti qui en profite aujourd'hui pour accuser ceux qu'il força de les commettre. Tous ces ministères, par un faux calcul, ont cru désarmer ce parti en le satisfaisant à moitié; et, comme il arrive toujours, se sentant plus fort, il est devenu plus insatiable; mais j'écarte ces souvenirs : ceux qui se retraceront tout ce que je pourrais rappeler, m'en sauront gré peut-être.

Le ministère actuel lui-même, qui a de grands droits, par l'ordonnance du 5 septembre, à la reconnaissance de tous les Français, est pourtant, à mon avis, tombé dans quelques erreurs.

Si l'on rapproche mes opinions connues de quelques-unes de ses mesures, l'on concevra facilement qu'il en est que je ne puis approuver. J'ai réclamé constamment la liberté individuelle, but premier et sacré de toute institution politique. J'ai réclamé l'indépendance responsable des journaux, seul mode efficace de publicité dans nos grandes associations modernes, et seul moyen d'affranchir le gouvernement même d'une minutieuse et fatigante solidarité. J'ai réclamé la liberté de la presse, et l'introduction des jurés dans les causes de cette espèce,

2

s'excuser de ce vote, au lieu de reprocher au gouvernement de n'en pas faire un assez large usage.
Il faut enfin savoir, quand on entre dans la carrière de la liberté, qu'elle doit exister pour tous,
si l'on veut qu'elle existe pour quelqu'un, et que
le caractère et le mérite de ceux qui la servent est
de respecter son culte dans la personne de leurs
ennemis.

De même qu'il faut, quand on prétend défendre la liberté individuelle, ne pas s'irriter de ce
que le nombre des détenus diminue, il faut, quand
on réclame pour la sainteté du droit d'élection, ne
pas s'indigner de ce que des hommes légalement
électeurs ont été admis à exercer leurs droits.

Il faut, quand on a du respect pour la justice,
ne pas appeler un homme *soupçonné* d'intelli-
gence avec des rebelles, l'*émule* du chef de ces
rebelles, et qualifier des *absous* du nom d'*échap-
pés aux tribunaux* (*).

---

parce que des jurés sont les seuls juges compétens des
questions morales, et qu'ils offrent seuls une garantie,
soit contre l'arbitraire, soit contre l'impunité. Je puis
donc jouir, sous divers rapports, de ce que nous faisons
quelques pas vers une amélioration évidente. Je jouis
surtout de ce qu'on abolit; mais je ne saurais applaudir
à ce que l'on conserve.

(*) Remarquez que, par cette expression, ce n'est plus

Dans un précédent ouvrage, on avait proposé d'imprimer un nouveau dictionnaire. Auprès du mot *honneur*, avait-on dit, on mettra, il est *vieux* : au mot *fidélité*, on écrira *duperie*. Mettra-t-on aussi au mot *soupçonné*, *émule d'un criminel condamné à mort* : au mot *absous*, *échappé aux tribunaux* ?

Des écrivains qu'on a crus les organes du parti converti si nouvellement à la liberté, ont commis toutes ces fautes, et il en est résulté une grande défaveur pour tout le parti. En voyant qu'un changement de principes n'était point un changement de conduite, et qu'on entait de vieilles persécutions sur de nouvelles doctrines, la France s'est crue autorisée à penser que les hommes, au nom desquels on prétendait lui parler, ne saisissaient les maximes de la liberté que pour en imposer à ses amis véritables ; qu'ils auraient anéanti cette liberté, si elle n'avait trouvé protection plus haut; et que s'ils invoquaient la Constitution, c'est qu'ils n'étaient pas dans le pouvoir.

La nation a remarqué « qu'ils ne savaient com-

---

seulement la liberté individuelle et la liberté des élections, c'est l'indépendance des tribunaux, l'inviolabilité des jugemens qu'on attaque ; s'il y a beaucoup de pareilles conversions à la liberté, je ne sais trop quelle liberté nous restera.

» ment allier leurs vieux principes et leurs nou-
» velles doctrines, embarrassés qu'ils étaient dans la
» théorie qu'ils avouaient et dans la pratique qu'ils
» craignaient, et qu'ils auraient voulu qu'on nous
» eût retiré d'une main ce qu'on eût semblé nous
» donner de l'autre (*). »

En effet, la circonstance était malheureuse. Au
moment où un parti était déjà soupçonné de n'a-
voir fait que changer de tactique, on accréditait ce
soupçon. L'on semblait placer le mot trop près de
l'énigme, et, en montrant le but, indiquer que la
route n'était qu'un détour.

On peut avoir un très-beau talent, on peut
avoir fait dans sa vie des actions très-nobles ;
mais, quand on rend suspects ceux pour qui l'on
plaide, quand on aliène ceux que l'on veut con-
quérir, on est un mauvais négociateur.

Il est urgent toutefois de trouver des moyens de
paix, entre des armées prêtes, peut-être, à s'entendre. L'instant est favorable ; le gouvernement,
les députés, l'opposition, la France entière, tien-
nent aujourd'hui le même langage. Il est impossible que ce langage n'influe pas sur les hommes
qui le parlent. Ils se pénétreront des principes
de la liberté en les répétant. Je pense donc qu'une

(*) Proposition à la chambre des pairs, relativement
aux dernières élections, pag. 32.

profession de foi commune doit contribuer à les
réunir à la nation. J'ose tracer ici l'esquisse de
cette profession de foi, je la crois constitutionnelle et populaire.

J'admets que la révolution a créé deux espèces
d'intérêts, les uns matériels, les autres moraux ;
mais il est absurde et il est dangereux de prétendre
que les intérêts moraux soient l'établissement de
doctrines anti-religieuses et anti-sociales, le main-
tien d'opinions impies et sacriléges. Les intérêts
moraux de la révolution ne sont point ce qu'ont
dit quelques insensés, ce qu'ont fait quelques
coupables ; ces intérêts sont ce qu'à l'époque de
la révolution la nation a voulu, ce qu'elle veut encore, ce qu'elle ne peut cesser de vouloir, l'égalité des citoyens devant la loi, la liberté des consciences, la sûreté des personnes, l'indépendance
responsable de la presse. Les intérêts moraux de
la révolution, ce sont les principes.

Il ne s'agit pas seulement de garantir les profits
de quelques-uns, mais d'assurer les droits de tous.
Si l'on ne s'occupe que du premier point, il y
aura quelques individus de contens, mais jamais la
totalité ne sera tranquille.

Les antagonistes de la liberté, quand ils ont
peur, voudraient ouvrir leurs rangs, pour y re-
cevoir n'importe quels auxiliaires, à condition
qu'ils feront cause commune avec eux et contre le

peuple. C'est inutile. Ceux qui passent à ces ennemis se perdent sans les sauver.

Je crois qu'en respectant les intérêts moraux de
la révolution, c'est-à-dire les principes, il faut
protéger les intérêts matériels. Mais je crois de
plus, et c'est ce qu'on a feint d'ignorer trop souvent, qu'en protégeant les intérêts, il ne faut pas
humilier les hommes.

Je le déclare, si, par quelque ressentiment implacable, indifférent aux conséquences de mes paroles, je voulais bouleverser mon pays, dussé-je périr
au milieu des ruines, voici sans hésiter comment je
m'y prendrais : je rechercherais quelle classe est
la plus nombreuse, la plus active, la plus indus-
trieuse, la plus identifiée aux institutions exis-
tantes, et je lui dirais : « Nous ne pouvons pas,
» vu les circonstances, vous disputer vos pro-
» priétés ni vos droits légaux. Jouissez donc
» des unes, exercez les autres ; mais nous vous
» déclarons que nous regardons ces droits com-
» me usurpés, ces propriétés commes illégitimes.
» Nous ne vous proscrivons pas, mais il n'y a au-
» cune proscription que vous ne méritiez. Nous
» ne vous dépouillons point, mais ne pas vous
» voir dépouillés est un scandale. Nous nous ré-
» signons à laisser quelques-uns de vous parve-
» nir au pouvoir ; mais tout pouvoir remis en

» vos mains est une insulte à la morale publique.
» Vous savez maintenant ce que nous pensons,
» allez en paix et en sécurité, et, après avoir dé-
» voré nos injures, croyez à nos promesses de
» n'attaquer ni vous ni vos biens. » Tel serait,
dis-je, mon langage, si je voulais bouleverser mon
pays. Car je calculerais que les hommes ne veulent
pas plus être méprisés que dépouillés, qu'on ne
les réduira jamais à supporter patiemment l'opprobre, et que les protestations qu'on place à côté
des outrages ne servent de rien, parce que ceux
qu'on a outragés voient avec raison dans les outrages une preuve de la fausseté des protestations.
Je serais sûr qu'en irritant un nombre immense
de citoyens sans les désarmer, en les aigrissant sans
les affaiblir, j'exciterais leur indignation, puis
leur résistance. Or, ce que je ferais si je voulais
bouleverser mon pays, on le fait depuis trois années, on le fait encore aujourd'hui. Je ne dis point
qu'on ait le dessein d'attirer sur notre patrie des
calamités nouvelles. Je parle du terme où l'on ne
peut manquer d'arriver par cette route, et non du
but vers lequel les projets se dirigent.

Je crois que les amis de la liberté doivent ac-
cueillir les conversions; mais je pense que les
convertis ne doivent point partir d'un changement
tardif et soudain pour exiger incontinent le pouvoir. La nation trouverait leur dialectique étrange.

Ils se sont trompés vingt-sept ans, ils le confessent, et c'est en vertu de cette longue erreur qu'ils lui proposent de s'en remettre à leurs lumières! Elle leur répondrait qu'ils ont attendu long-temps pour se convertir, et qu'ils peuvent bien attendre un peu pour la gouverner. En passant tellement vite de la théorie à l'application, et de leurs principes à leurs intérêts, ils se nuisent. Si un musulman embrassait le christianisme, je me réjouirais de l'acquisition d'un nouveau fidèle; mais, si ce jour-là même ce musulman voulait être pape; je ne laisserais pas que d'avoir des doutes sur la ferveur de sa foi.

Je pense que le gouvernement, fût-il convaincu de la loyauté de certains hommes, commettrait encore une grande imprudence en les plaçant exclusivement à la tête de l'État. Une tradition que tous les peuples répètent est, disait Hésiode, une divinité. Lorsqu'une conviction est générale, fût-elle mal fondée, il est de la sagesse de l'autorité de la ménager. Il ne s'agit donc pas uniquement de savoir si les nouveaux convertis qui veulent nous régir méritent la confiance, il faut examiner encore si la nation est disposée à la leur donner.

Je crois qu'ils font bien de demander aux ministres toutes les libertés légitimes; mais je pense qu'ils ne doivent pas exiger d'eux qu'ils oppriment un parti pour satisfaire l'autre. Je ne sais quel évêque, se trouvant sur un vaisseau prêt à couler bas, récitait ses prières. Mon Dieu, disait-il, sauvez-moi; ne sauvez que moi, je ne veux pas fatiguer votre miséricorde. N'invoquons pas la liberté, comme cet évêque invoquait la providence.

Je crois qu'il ne faut repousser d'aucune carrière aucun de ceux qui n'ont point commis de crimes, mais qui ont servi la France sous les divers gouvernemens qui l'ont dominée. Je crois même qu'il ne faut pas se montrer trop sévère envers ceux qui n'ont pas résisté au despotisme avec assez d'énergie. Je plaide une cause qui m'est étrangère. Durant les treize années du gouvernement de Bonaparte, j'ai refusé de le servir; j'ai préféré l'exil à son joug; et quelque jugement qu'on porte sur moi pour avoir siégé dans ses conseils à une autre époque, quand douze cent mille étrangers menaçaient la France, l'imputation de servilité ne saurait m'atteindre. Mais je défends aussi, contre cette imputation, la cause nationale, et j'affirme que, lorsqu'après avoir donné à la liberté des regrets impuissans, et tenté pour elle des efforts trop faibles, beaucoup d'hommes se sont résignés à un esclavage dont ils ne calculaient pas l'étendue, la nation était fatiguée d'une longue anarchie, l'opinion était flottante, un chef s'offrait qui promettait le repos. La majorité de la France lui accordait une confiance de lassitude. Les esprits clairvoyans, qui apercevaient en lui un tyran futur, étaient en petit nombre.

Si je ne voulais, dans un écrit dont le seul mérite est d'inviter à l'oubli des haines, m'interdire toute récrimination, je demanderais à nos rigoristes d'un jour ce qu'ils ont fait alors pour seconder ceux qui mettaient le peuple en garde contre le despote à venir. Ils ont appuyé ce despote, en vantant, sous son règne, le pouvoir absolu comme le meilleur gouvernement; ils l'ont servi de leur métaphysique obscure, et de leur prose poétique, et de leurs dithyrambes et de leurs sophismes. Lorsque, grâces à leurs systèmes, les derniers organes de la nation furent écartés de la tribune, que pouvait faire cette foule d'hommes utiles, laborieux, éclairés, qui, sans avoir la force de résister à un mal inévitable, sentaient qu'il y avait encore quelque bien possible, et croyaient devoir à leur pays d'y contribuer? S'ils sont coupables ceux qui ont servi sous la tyrannie, ils ne sont coupables que d'avoir cédé à l'impulsion imprimée à la France par leurs accusateurs d'aujourd'hui; et même, au sein de leur soumission, ils ont encore donné des preuves de leurs désirs et de leurs regrets (*).

(*) Un écrivain qu'on n'accusera pas d'être favorable

Rappelons une époque trop fameuse, celle du procès du général Moreau; qui a embrassé sa cause? qui a rédigé son admirable défense? qui a porté la terreur jusques dans le palais de son ennemi, par une indignation menaçante et contagieuse? qui? des amis de la liberté, des hommes de la révolution, pour me servir de l'expression qu'on emploie.

Oui, plusieurs ont été faibles : mais chaque fois qu'une espérance de liberté s'est offerte à eux, ils l'ont saisie, ils l'ont secondée, ils en ont conservé la tradition; et, si elle survit, ils y sont pour quelque chose.

Savons-nous d'ailleurs le mal qu'ils ont empêché?

---

aux hommes de la révolution, M. de Chateaubriand, dans sa dernière brochure (Proposition à la chambre des pairs, page 31), a reconnu cette vérité sans s'en apercevoir. En leur reprochant d'abandonner aujourd'hui leurs opinions anciennes, il les désigne ainsi : « Ceux-là » mêmes qui, pendant vingt-cinq ans, ont crié à la li- » berté, à la constitution. » Notez, pendant vingt-cinq ans, donc sous Bonaparte même : ils n'étaient donc pas ses esclaves si soumis, si volontaires. En effet, ils ont, non pas crié à la liberté, malheureusement, mais parlé de la liberté, beaucoup trop bas sans doute. Ils saisissaient toutes les occasions de parler dans ce sens, comme d'autres saisissaient toutes celles de parler dans le sens contraire; et ce sont ces derniers qui, aujourd'hui, les taxent de servilité!

Parmi ceux qui les blâment, n'en est-il aucun qui doive à quelqu'un d'eux sa fortune, la vie de ses amis, celle de ses proches ou la sienne propre ?

Je le sais, la reconnaissance a la mémoire courte. A l'instant du péril, on implore la protection, on reçoit le bienfait : le péril passe, on rappelle les torts, on en fait des crimes. J'entendais quelqu'un dire un jour : Je ne sais lequel de ces misérables m'a sauvé la vie.

Nous échappons à un grand naufrage. La mer est couverte de nos débris. Recueillons dans ces débris ce qu'il y a de précieux, le souvenir des services rendus, des actions généreuses, des dangers partagés, des douleurs secourues. Au lieu de briser le peu de liens qui nous unissent encore, créons de nouveaux liens entre nous par ces traditions honorables.

La justice l'exige, la prudence le conseille; l'on ne fera pas, comme on le propose, marcher les institutions d'aujourd'hui par les hommes d'autrefois. Les hommes d'aujourd'hui forment, je l'ai dit auparavant, l'immense majorité nationale. Toute l'influence morale, toute l'expérience de détails, toute l'habitude des affaires, toutes les connaissances de fait sont de leur côté. Le gouvernement ne peut se passer d'eux : et c'est pour cela que, depuis la première chute de Bonaparte, tous les ministères qui se sont succédé, ont été contraints, après quelques oscillations, à prendre une marche à peu près uniforme, et à rentrer dans un système qu'on a représenté faussement comme une conspiration contre la monarchie, et qui n'est autre chose que l'action nécessaire et inévitable des intérêts nationaux sur la monarchie.

Ce n'est pas que je veuille, par une intolérance étroite et absurde, repousser une classe de l'administration des affaires. J'ai beaucoup de confiance dans la force de la liberté, et, pourvu qu'elle soit entourée de ses légitimes garanties, je ne crains point de voir quelque puissance remise à des mains momentanément impopulaires. Je crois donc qu'il est utile, qu'il est désirable que la noblesse entre dans la Charte. Je crois qu'une classe, élégante dans ses formes, polie dans ses mœurs, riche d'illustration, est une acquisition précieuse pour un gouvernement libre; et pour prouver que cette opinion, que j'exprime aujourd'hui, et qui peut-être est loin d'être générale, a toujours été la mienne, je transcrirai ce que j'écrivais à une autre époque. « Des priviléges, même abusifs, disais-je, » sont pourtant des moyens de loisir, de perfec- » tionnement et de lumières. Une grande indé- » pendance de fortune est une garantie contre » plusieurs genres de bassesses et de vices. La » certitude de se voir respecté est un préservatif » contre cette vanité inquiète et ombrageuse, qui,

» partout, aperçoit l'insulte ou suppose le dédain,
» passion implacable qui se venge, par le mal qu'ell e
» fait, de la douleur qu'elle éprouve. L'usage des
» formes douces et l'habitude des nuances ingé-
» nieuses donnent à l'âme une susceptibilité déli-
» cate et à l'esprit une rapide flexibilité. Il fallait
» profiter de ces qualités précieuses. Il fallait en-
» tourer l'esprit chevaleresque de barrières qu'il
» ne pût franchir, mais lui laisser un noble élan
» dans la carrière que la nature rend commune à
» tous. Les Grecs épargnaient les captifs qui réci-
» taient des vers d'Euripide. La moindre lumière,
» le moindre germe de la pensée, le moindre sen-
» timent doux, la moindre forme élégante, doi-
» vent être soigneusement protégés. Ce sont au-
» tant d'élémens indispensables au bonheur social.
» Il faut les sauver de l'orage; il le faut, et pour
» l'intérêt de la justice, et pour celui de la liberté:
» car toutes ces choses aboutissent à la liberté par
» des routes plus ou moins directes. Nos réforma-
» teurs fanatiques, continuais-je, confondirent
» les époques pour allumer et entretenir les haines:
» comme on était remonté aux Francs et aux Goths
» pour consacrer des distinctions oppressives, ils
» remontèrent aux Francs et aux Goths pour trou-
» ver des prétextes d'oppression en sens inverse.
» La vanité avait cherché des titres d'honneur dans
» les archives et dans les chroniques : une vanité

» plus âpre et plus vindicative puisa dans les chro-
» niques et dans les archives des actes d'accusa-
» tion (*). » J'imprimais ces lignes lorsque la tem-
pête grondait sur la tête de ces hommes, et qu'une
tyrannie en péril, les connaissant pour ses ennemis secrets, menaçait d'évoquer contre eux les
rigueurs des lois oubliées et les fureurs d'un peuple irrité. Je puis me rendre ce témoignage,
qu'à toutes les époques j'ai invité la force à la
justice.

Mais je ne crois point, qu'en faisant entrer la
noblesse dans la Charte, on doive lui conseiller
de s'en emparer. Elle n'y réussirait pas : elle per-
drait le bénéfice de la liberté, sans obtenir les
avantages de la conquête. L'esprit du siècle, et
plus encore celui de la France, est tout entier à
l'égalité.

Oui, je le crois; il est possible, peut-être facile
de sauver la France.

L'on a pu remarquer plus d'une fois, durant
la révolution, qu'une certaine force morale ina-
perçue, mais toute-puissante, ramenait les choses
et les hommes dans la direction que cette révolution leur a imprimée. Depuis que cette révolution a commencé, diverses factions ont essayé de
la faire dévier de sa route : aucune n'a réussi.

(*) De l'Esprit de Conquête, pag. 122.

Bonaparte, par d'incroyables succès, a comprimé cette force morale. Mais il est tombé, et l'opinion, qu'on avait crue étouffée par lui, s'est montrée vivante. Dans la première année de la carrière constitutionnelle, on a négligé cette expérience. Les esprits supérieurs eux-mêmes ont besoin de temps pour bien connaître les élémens avec lesquels et sur lesquels ils doivent agir. Une catastrophe épouvantable en a été la suite. L'Europe est intervenue : tout s'est rétabli; mais des haines de parti ont recommencé à menacer l'œuvre de vingt-sept années, et le péril a reparu. L'ordonnance du 5 septembre a replacé la nation dans sa route naturelle, et le péril s'est dissipé.

Quelle est donc cette route naturelle, dont il est si fatal de s'écarter? C'est celle que la nation a voulu s'ouvrir au commencement de 1789.

A cette époque, elle s'est proposé pour but d'établir, non-seulement une liberté de fait, mais une liberté de droit, et de se délivrer de toute possibilité d'arbitraire. La douceur pratique du gouvernement ne lui suffisait pas. Elle avait besoin de la sécurité, autant que de la jouissance, et, pour satisfaire ce besoin, elle réclamait des garanties. Telle a été toute la question de 1789; des ambitions particulières, des vanités personnelles, des intérêts nés du trouble, et qui ne pouvaient s'assouvir que par le trouble, ont jeté,

à travers la révolution, des forfaits horribles et des
événemens déplorables. Mais, au milieu de ses
souffrances, de ses convulsions, de sa servitude,
la nation n'a cessé de vouloir ce qu'elle avait voulu; et chaque fois qu'elle a pu élever la voix, elle
a recommencé à le demander. La preuve en est
que, si l'on prenait au hasard les écrits publiés aux
différentes époques, malheureusement trop cour-
tes, durant lesquelles elle a joui de quelque liberté, l'on trouverait toujours l'expression des
mêmes désirs, et l'on n'aurait, pour les adapter au
moment actuel, qu'à changer les noms et les
formes. Telle est donc la route dans laquelle la
nation veut marcher. Elle se l'est tracée en 1789 :
elle y est rentrée toutes les fois qu'elle a pu le
faire. Elle a désavoué, tantôt par son silence,
tantôt par ses plaintes, tout ce qui l'en écar-
tait.

Il faut donc reconnaître cette vérité. Ce que
la nation craint, ce qu'elle déteste, c'est l'arbitraire. On ne l'établirait pas plus avec les
acquéreurs de biens nationaux, que contre les
acquéreurs de biens nationaux, pas plus avec les
hommes de la révolution, que contre les hommes
de la révolution. Aux mots de liberté, de garantie, de responsabilité, d'indépendance légale de
la presse, de jugemens par jurés, avec des ques-

3

tions bien posées, de respect pour les consciences, cette nation se réveille. C'est là son atmosphère; ces idées sont dans l'air qu'elle respire. Vingt-sept ans de malheurs, d'artifice, et de violence, n'ont pas changé sa nature. Elle est ce qu'elle a été : elle sera ce qu'elle est : rien ne la changera.

Qu'on ne se trompe pas à un symptôme qui a pu surprendre, mais que je crois avoir expliqué. Des voix, qui étaient suspectes à cette nation, ont proclamé subitement des principes qu'elles s'étaient jadis fatiguées à proscrire. Elle est restée muette, mais d'étonnement : ce n'a pas été par aversion pour les principes, mais par défiance des hommes. Son silence ne signifie pas : Nous ne voulons pas ce que vous dites; il signifie : Nous craignons ce que vous voulez.

Les dépositaires du pouvoir ont une disposition fâcheuse à considérer tout ce qui n'est pas eux comme une faction. Ils rangent quelquefois la nation même dans cette catégorie; et pensent que l'habileté suprême est de se glisser entre ce qu'ils nomment les factions opposées sans s'appuyer d'aucune.

Mais tout parti, toute association, toute réunion d'hommes dans le pouvoir ou hors du pouvoir, qui ne se ralliera pas aux principes nationaux, ne trouvera d'assentiment nulle part. Si le hasard lui remet l'autorité, ou si elle s'en saisit par ruse ou par force, la nation la laissera gouverner, mais sans l'appuyer : car c'est un des résultats de son expérience que cette habitude de se retirer de tout ce qui n'est pas dans son sens, sûre que par cela seul, tôt ou tard, tout ce qui n'est pas dans son sens tombe. Elle s'épargne ainsi la fatigue de la résistance ; elle échappe au danger, laissant ceux qui veulent marcher à eux seuls, faire route entre deux abîmes. Dans de pareils momens, on dirait qu'elle est morte, tant elle reste immobile et prend peu de part à ce qui se fait. Mais proclamez une parole, excitez une espérance qui soit nationale, elle reparaît pleine de vie, et aussi infatigable dans son zèle, qu'elle est inébranlable dans sa volonté : elle reparaît tellement forte, que souvent ceux qui l'ont appelée ont la faiblesse de s'en épouvanter : ils ont tort. Elle ne réclame rien d'injuste ; elle hait tout ce qui est violent ; mais elle a un sens parfait sur ce qui est vrai et sur ce qui ne l'est pas ; et il y a une chose qu'elle ne pardonne point, c'est de croire qu'on peut la tromper. Elle est du reste fort équitable dans ses jugemens ; elle tient compte des circonstances ; elle sait gré aux hommes du mal qu'ils ont empêché ; elle excuse même le mal qu'ils ont laissé faire, quand elle voit qu'ils n'y

ont consenti que pour en éviter un plus grand.
Mais elle exige aussi qu'on la conduise au but
qu'elle veut atteindre : dès qu'on s'en écarte, on a
beau faire et beau parler, elle ne prend point le
change ; elle s'arrête, avertie par son instinct in-
faillible que ce qu'on dit n'est qu'une ruse, et que
ce qu'on fait lui est étranger.

POST-SCRIPTUM.

PENDANT qu'on imprimait ce petit ouvrage, deux brochures remarquables ont paru. L'une est la préface ajoutée par M. de Châteaubriand à la collection de ses œuvres politiques; l'autre, la sixième partie de la correspondance de M. Fiévée.

L'un des plus beaux génies du dix-huitième siècle, Rousseau, s'était imaginé que les philosophes de tous les pays avaient ourdi contre lui une conspiration à laquelle ils avaient associé tous les peuples de la terre. Les enfans qui, dans la rue, ne lui parlaient pas, lui semblaient tremper dans cette conspiration, et le chien danois qui le renversa, en courant devant une voiture, était, dans son opinion, l'un des conjurés.

Cette preuve, que des facultés éminentes ne préservent pas celui qui les possède, de l'effet que produit sur l'esprit une idée fixe, peut seule expliquer ce qui d'ailleurs serait impossible à concevoir, je veux dire qu'un écrivain publie, tous les mois au moins, une brochure dans laquelle il attaque depuis les sous-préfets jusqu'aux ministres, et prétende en même temps que la presse est si peu

3*

libre, qu'il n'a pas même le moyen de se défendre;
et qu'un pair de l'opposition se dise persécuté, bien
qu'en une double qualité il conserve du gouvernement, dont il combat toutes les mesures, des
faveurs auxquelles j'applaudis, parce que le talent
a toujours droit aux faveurs, mais qui prouvent
cependant que la persécution n'est pas bien vio-
lente.

Je crois que M. de Châteaubriand est de bonne
foi dans toutes ses plaintes; mais je n'en gémis que
plus sur l'influence d'une idée fixe, puisque la vue
de ses propres brochures, imprimées et vendues
publiquement, ne l'empêche pas de regarder la
presse comme asservie, et que la faculté dont il
use, de poursuivre un ministre des invectives les
plus amères et des accusations les plus graves,
sans qu'il en résulte pour lui-même aucun incon-
vénient, n'altère en rien sa conviction que ce
ministre est armé d'un pouvoir absolu et l'exerce
contre ses ennemis avec une rigueur implacable.

Si la préface de M. de Châteaubriand est cu-
rieuse, comme monument d'une maladie bizarre
de l'esprit humain, l'ouvrage de M. Fiévée est
d'un tout autre intérêt. Il y a dans cet ouvrage
des principes que je n'ai ni l'envie ni la possibilité
de combattre, car je les ai professés et défendus
long-temps avant leur défenseurs actuels : et comme

un de leurs moyens contre les hommes qui ne pensent pas devoir s'associer à leurs haines, est de les accuser d'être infidèles à leurs anciennes doctrines, je suis tenté de faire réimprimer ce que j'ai écrit, en regard de ce qu'ils écrivent; et je déclare que, comme je croyais ces principes de toute vérité, avant qu'ils les eussent adoptés, je persiste à les croire de toute vérité, aujourd'hui qu'ils les adoptent.

Mais, après cette déclaration, je me permettrai quelques remarques sur la manière dont ces principes étaient défendus par l'opposition de 1814, et sur la manière dont ils le sont par l'opposition de 1816.

Je demande pardon au public de me citer; mais ayant traité, il y a deux ans, les mêmes questions qu'on traite aujourd'hui, des brochures qui d'ailleurs doivent être parfaitement oubliées, peuvent servir de point de comparaison entre les deux époques.

Qu'on rapproche donc ce que j'ai écrit sur la liberté des pamphlets et des journaux, et mes observations sur le discours du ministre de l'intérieur, en faveur du projet de loi relatif à la liberté de la presse, et ce que M. de Châteaubriand et M. Fiévée publient.

L'on verra que d'égards, que de ménagemens j'apportais, en relevant les erreurs du gouverne-

ment, combien je craignais de jeter du doute
sur ses intentions, combien j'étais empressé de
rendre hommage à ce qu'il pouvait avoir fait de
bien.

C'est que je ne voulais déplacer ni surtout
remplacer personne. J'aurais regardé comme un
crime tout ce qui aurait pu troubler la paix dont
nous jouissions alors.

Dans les ouvrages des deux écrivains que j'ai
cités, il n'y a pas une ligne qui ne tende, au
contraire (je ne parle pas de l'intention, mais de
l'effet), à jeter de l'odieux sur les intentions, et à
travestir en conspiration contre l'État, des raisonnemens que, moi aussi, je trouve défectueux, mais
que je ne saurais considérer comme des manœuvres
de conspirateur.

C'était néanmoins à l'opposition bienveillante et
mesurée de 1814, que M. de Châteaubriand
adressait les réflexions suivantes : « Les Français
» auront-ils toujours cette impatience déplorable
» qui ne leur permet de rien attendre de l'expé-
» rience et du temps ?.... La constitution anglaise
» est le fruit de plusieurs siècles d'essais et de
» malheurs, et nous en voulons une sans défaut
» dans six mois ! On ne se contente pas de toutes
» les garanties qu'offre la charte, de ces grandes et
» premières bases de nos libertés. Il faut sur-le-
» champ arriver à la perfection : tout est perdu

» parce qu'on n'a pas tout. *Au milieu d'une inva-*
» *sion* (*), dans les dangers et dans les mouve-
» mens d'une restauration subite, on voudrait
» que le Roi eût le temps de porter ses regards
» autour de lui, pour découvrir les élémens de
» ces choses que l'on réclame..... Nous, qui com-
» mençons ce gouvernement, ne nous manque-
» t-il rien pour le bien conduire? Ne vaut-il pas
» mieux qu'il se corrige progressivement avec
» nous , que de devancer notre éducation et
» notre expérience. » (*Réflexions politiques,*
chap. 14.)

Je ne cite point ces phrases comme apologie de
mesures que je désapprouve. Je pense à présent
ce que M. de Châteaubriand ne pensait pas en
1814, et ce qu'il pense aujourd'hui, que la liberté
individuelle devrait être complète, que la liberté
légale de la presse devrait être assurée par des lois
exemptes de tout arbitraire, et que les journalistes
devraient être responsables, mais indépendans.

Je dis que M. de Châteaubriand ne pensait pas
tout cela en 1814, et je le prouve, au moins pour
la liberté de la presse : car, dans les mêmes *Réflexions politiques,* il écrivait « Que cette der-

(*) M. de Châteaubriand trouve-t-il que les dangers
d'une invasion sont moins grands en 1816 qu'ils ne l'é-
taient en 1814 ?

» nière question pouvait diviser et embarrasser les
» meilleurs esprits , et que , quand on voyait,
» d'un côté, Genève mettre des entraves à la
» liberté de la presse, et, de l'autre une partie de
» l'Allemagne et la Belgique proclamer cette
» liberté, on pouvait croire qu'il n'était pas si aisé
» de décider péremptoirement. » Pag. 191.
Je ne le cite donc point pour m'en appuyer, mais
pour montrer ce qu'il écrivait sur l'opposition la
plus douce et la plus modérée qui fût jamais.
Que n'écrirait-il pas contre l'opposition d'aujourd'hui, s'il n'en était le chef ou l'organe !

Je n'ai pas sous les yeux les portions de la correspondance politique et administrative qui a paru
à la même époque ; mais, si ma mémoire ne me
trompe pas, l'auteur parlait alors avec assez de mé-
pris de la liberté de la presse, et nous pourrions
regarder comme une amende honorable la peine
qu'il a prise de copier nos raisonnemens.

Laissons ce qui est personnel, venons aux
résultats. Tous les partis, je l'ai déjà observé,
parlent aujourd'hui le même langage. Mais les
uns veulent renverser des hommes, et d'autres ne
combattent que pour les principes.

Or, ceux qui veulent renverser les hommes
nuisent aux principes, parce qu'ils entravent la
marche des autres.

Veut-on faire finir toutes ces discussions?

veut-on que tout le monde soit d'accord? Qu'on
mette un terme aux agressions personnelles. Qu'on
ne se montre plus à la fois avocats des doctrines,
et héritiers présomptifs des places. Qu'on recon-
naisse ce que le ministère a fait de bien; qu'on
prouve que, s'il fait à l'avenir tout celui qu'il
peut faire, on ne tient point à le renverser. Alors,
les vrais amis de la liberté pourront écouter ses
nouveaux auxiliaires. Le ministère sera plus libre
de bien agir; il sera même, ce qui doit tenter ses
ennemis, plus inexcusable dans ses fautes. La nation saura à qui entendre, qui croire, et qui
écouter.

Jusqu'alors il y aura toujours des esprits défians,
qui croiront qu'on demande ce qu'on ne veut pas
pour arriver à ce que l'on veut, et que l'on tro-
querait volontiers la liberté individuelle contre la
chute du ministre de la police, la liberté des journaux contre le remplacement du ministre de l'intérieur, et la liberté des livres contre le changement du président du conseil.

FIN.

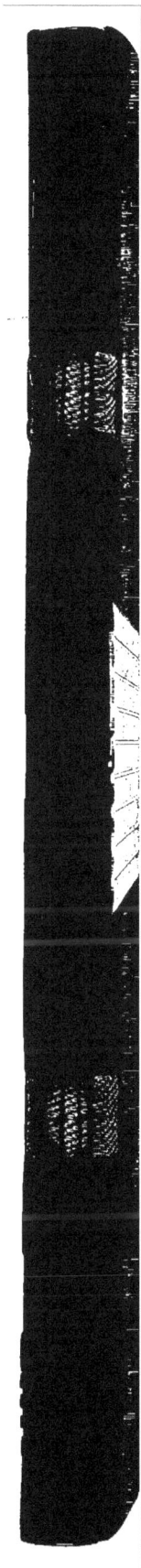

www.ingramcontent.com/pod-product-compliance
Lightning Source LLC
Chambersburg PA
CBHW060739280326
41934CB00010B/2276